SARAH SCHOCKE

Gemüse NUDELN

Zum Durchdrehen:
Veggie-Rezepte für den Spiralschneider

ALLE REZEPTE

AUF EINEN BLICK

Wo Eis draufsteht, stecken Melonen drin!

♥ Titelrezept

VOLL DURCHGEDREHT

Gekringelt, genudelt, gewickelt – heute gibt es Obst und Gemüse mal anders, dem Spiralschneider sei Dank! Zucchini, Kürbis, Apfel oder Rote Bete finden eine neue Berufung: Sie hängen ihren Job als Beilage an den Nagel und spielen als Gemüsenudeln ab jetzt die Hauptrolle auf dem Teller.

DER SPIRALSCHNEIDER

Must-have für das neue Gemüsenudel-Glück ist ein Spiralschneider, den man in unterschiedlichen Ausführungen bekommt. Es gibt Spiralschneider, die man – ähnlich einer Nudelmaschine – auf der Arbeitsfläche aufstellt und die eine Kurbel zum Drehen besitzen. Diese Spiralschneider haben unterschiedliche Klingen; ein solches Modell habe ich beim Entwickeln der Rezepte für dieses Buch benutzt. Und dann gibt es die einfachere, kleinere Version, bei der Sie den Spiralschneider in der Hand halten, das Obst oder Gemüse hineinstecken und wie bei einem Anspitzer das Lebensmittel drehen. Diese kleinen Spiralschneider eignen sich vor allem für längliche Lebensmittel wie Zucchini, Möhren oder Rettich. Voluminöse Zutaten wie Rote Bete oder Paprika können mit dem kleinen Spiralschneider nicht gedreht werden.

RESTEVERWERTUNG

Oft bleiben beim Spiralisieren Reste übrig: Der obere Teil der Paprika mit den Kernen, der Mittelteil des Gemüses, das durchgedreht wird, das Endstück – diese Teile können Sie während des Kochens als Rohkost knabbern oder mit Nüssen, etwas Öl und eventuell Käsewürfeln in den Blitzhacker geben und zu einem Brotaufstrich pürieren.

PERFEKT ZUM SPIRALISIEREN

Apfel	Kerngehäuse nicht entfernen, nach Belieben schälen, längs spiralisieren
Avocado	mittelfest, lieber zu fest als zu weich, eher Kugelform als Birnenform wählen, quer halbieren, vorher schälen und entkernen
Banane	mittelfest, lieber zu fest als zu weich, möglichst gerade gewachsen, vorher schälen
Birne	Kerngehäuse nicht entfernen, nach Belieben schälen, längs spiralisieren, Stielansatz (schmales Ende) auf das Messer des Spiralschneiders aufsetzen
Butternutkürbis	nur den Hals benutzen, dieser sollte möglichst lang sein, vorher schälen
Galia-Melone	möglichst fest, vorher schälen und entkernen
Gurke	möglichst gerade gewachsen, vorher schälen
Kartoffel	möglichst große, festkochende Kartoffeln benutzen, vorher schälen, längs aufstecken
Knollensellerie	vorher schälen
Kohlrabi	vorher schälen
Mango	mittelfest, vorher schälen, von beiden Richtungen quer zum Kern aufstecken und spiralisieren
Möhre	möglichst gerade gewachsen und dick, nach Belieben vorher schälen
Paprika	möglichst gleichmäßig gewachsen, den Stiel abschneiden und mit dem Stielansatz aufstecken, breite Klinge benutzen
Pastinake	möglichst gerade gewachsen und dick, vorher schälen
Rettich	vorher schälen
Rote Bete	vorher schälen
Rübchen	vorher schälen
Süßkartoffel	möglichst gerade gewachsen und dick, vorher schälen
Zucchini	möglichst gerade gewachsen und dick

KOHLRABISALAT

mit Mango und Tomaten

Gemüse oder Obst? Am liebsten beides! Kohlrabi und Mango machen als Kombi-Salat sowohl geschmacklich als auch farblich richtig was her.

2
PERSONEN

20
MIN. ZUBEREITUNG

330
KCAL PRO PORTION

ZUTATEN

400 g Kohlrabi, 1 feste Mango, 100 g Cocktailtomaten, 1 haselnussgroßes Stück Ingwer, 2 Stiele Koriander, 1 kleine Zitrone, 2 EL geröstete Sojakerne (Bioladen), 2 EL Rapsöl, Salz, 1 EL Agavendicksaft

SPIRALEN DREHEN

- Den Kohlrabi putzen, schälen und mit dem Spiralschneider zu Spiralen drehen.
- Die Mango schälen und auf einer Seite quer zum Stein ebenfalls spiralisieren, bis der Stein erreicht ist.
- Die Kohlrabi- und Mangospiralen in einer Schüssel mischen.
- Die Tomaten waschen und halbieren.

Die übrige Mangohälfte im Kühlschrank aufbewahren und anderweitig benutzen.

DRESSING MIXEN

- Den Ingwer schälen und grob zerkleinern.
- Den Koriander waschen und trocken schütteln. Die oberen Blätter abzupfen und beiseitelegen, den Rest grob hacken.
- Die Zitrone halbieren und auspressen.
- Ingwer, gehackten Koriander, Zitronensaft, Sojakerne, Öl, ½ TL Salz und Agavendicksaft im Blitzhacker glatt pürieren.

FIX UND FERTIG

Das Dressing unter die Kohlrabi- und Mangospiralen mischen. Den Salat auf Tellern anrichten, mit Korianderblättern und Tomatenhälften garnieren.

MÖHRENSALAT

mit Roter Bete und Minze

Jetzt wird's orientalisch! Rote Bete und Möhren treffen auf Aromen aus dem Orient: Sesammus, Ras el Hanout, Honig und Minze – eine glückliche Verbindung!

2
PERSONEN

25
MIN. ZUBEREITUNG

320
KCAL PRO PORTION

ZUTATEN

300 g Rote Bete, 300 g Möhren, Salz, 20 g Pinienkerne, 20 g getrocknete Cranberrys, 1 Orange, 1 EL Tahin (Sesammus), 1 TL Ras el Hanout, 1 TL Honig, 2 Zweige Minze, ½ Bund Petersilie

GEMÜSE DÄMPFEN

Rote Bete und Möhren putzen, schälen und mit dem Spiralschneider zu Spiralen drehen. In einen Dämpfeinsatz geben. In einem großen Topf wenig Salzwasser zum Kochen bringen, Dämpfeinsatz hineinstellen und das Gemüse zugedeckt bei mittlerer Hitze 5 Min. dämpfen.

TIPPTOPP TOPPING

- Die Pinienkerne in einer Pfanne ohne Fett bei mittlerer Hitze goldbraun anrösten. Vom Herd nehmen und abkühlen lassen.
- Die Cranberrys hacken und mit den Pinienkernen mischen.

Statt Pinienkernen schmecken auch Walnüsse als kerniges Topping.

MIX IT!

- Für das Dressing die Orange halbieren und auspressen. Den Orangensaft mit Tahin, Ras el Hanout, Honig und ½ TL Salz gut verquirlen.
- Die Minze und die Petersilie waschen und trocken schütteln, die Blätter abzupfen und fein hacken.
- Rote Bete und Möhren auf Teller verteilen und mit dem Dressing beträufeln.
- Minze und Petersilie darübergeben und alles mit Pinienkern-Topping bestreuen.

GURKENSALAT

mit Litschi und Erdnüssen

Dieses Rezept beweist: Die schlanke Gurke macht nicht nur in der klassischen Joghurtsauce eine gute Figur – auch asiatisch angehaucht zeigt sie ihr großes Potenzial!

2
PERSONEN

20
MIN. ZUBEREITUNG

345
KCAL PRO PORTION

ZUTATEN

1 Salatgurke, ½ Brokkoli (oder 150 g TK-Brokkoli), Salz, 50 g geröstete, gesalzene Erdnusskerne, 100 g Litschis, 100 g Staudensellerie, Saft von ½ Zitrone, 1½ EL Erdnussöl, 2 EL Sojasauce, 1 TL Wasabipaste, 1 EL Honig

DURCHDREHEN

- Die Gurke waschen und die Enden abschneiden, dann mit dem Spiralschneider zu Spiralen drehen.
- TK-Brokkoli antauen lassen. Frischen Brokkoli putzen, waschen und in Röschen teilen. Die Röschen vierteln.
- Brokkoli in kochendem Salzwasser 3–4 Min. blanchieren. In ein Sieb abgießen, kalt abschrecken und abtropfen lassen.

SCHÜSSEL-MIXING

- Die Erdnüsse grob hacken.
- Die Litschis schälen, entkernen und achteln.
- Den Sellerie putzen, waschen und in feine Scheiben schneiden.
- Die Gurkenspiralen mit Brokkoli, Erdnüssen, Litschis und Sellerie mischen.

DRUNTER & DRÜBER

Für das Dressing den Zitronensaft mit Öl, Sojasauce, Wasabi und Honig verquirlen. Den Salat mit dem Dressing beträufeln. Sofort genießen, sonst zieht die Gurke zu viel Wasser!

RADICCHIOSALAT

mit Birne und Blutorange

Wir wollen nicht Äpfel mit Birnen vergleichen, sondern Birne mit Radicchio und Blutorange auf den Teller bringen! Das gibt nämlich einen frischen Herbst- und Wintersalat.

2
PERSONEN

25
MIN. ZUBEREITUNG

310
KCAL PRO PORTION

ZUTATEN

30 g Haselnusskerne, 1 große Birne (ca. 300 g), 100 g Radicchio, 2 Blutorangen, 1 EL Rapsöl, 2 Msp. gemahlene Vanille, Salz, Pfeffer

KNUSPER, NÜSSCHEN

Die Haselnüsse in einer Pfanne ohne Fett bei mittlerer Hitze ca. 5 Min. rösten, bis sie aromatisch zu duften beginnen. Die Nüsse aus der Pfanne nehmen.

ALLES SALAT!

- Die Birne gründlich waschen oder schälen und mit Kerngehäuse spiralisieren.
- Radicchio putzen und waschen, die Blätter in feine Streifen schneiden.
- Die Orangen so großzügig schälen, dass auch die weiße Haut mit entfernt wird. Die Filets zwischen den einzelnen Trennhäuten herausschneiden, dabei den Saft auffangen.

Dazu passen geröstete Brotscheiben.

DRESS UP & ENJOY!

- Nüsse mit Orangensaft, Öl, Vanille, ½ TL Salz und etwas Pfeffer in einem Rührbecher mit dem Stabmixer fein pürieren.
- Radicchiostreifen und Birnenspiralen mit dem Dressing mischen.
- Den Salat auf Tellern anrichten und die Orangenfilets darauf verteilen.

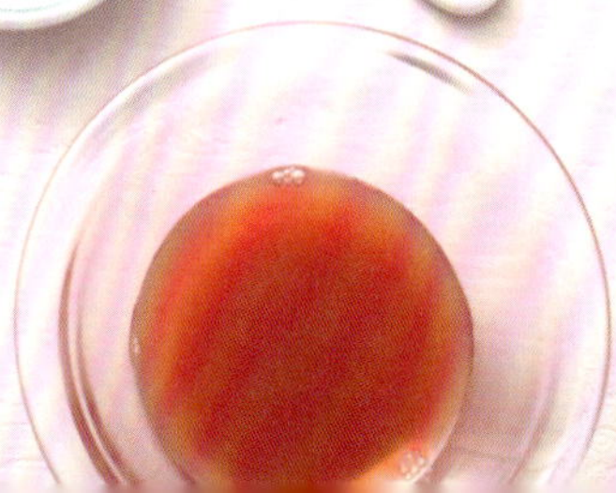

APFELSPIRALEN

mit Avocado und Kokos

Zwei, die gerade schwer angesagt sind: Avocado und Kokosnuss. Zusammen mit grünem Apfel bringen sie neuen Schwung in die Kohlküche und Abwechslung auf den Teller.

2
PERSONEN

15
MIN. ZUBEREITUNG

455
KCAL PRO PORTION

ZUTATEN

1 große Handvoll Rosenkohlblättchen, Salz, 1 Knoblauchzehe, 4 EL Sojasauce, 1 EL Agavendicksaft, 2 EL geröstetes Sesamöl, 2 EL Limettensaft, 6 EL Apfelsaft, 1 große Avocado (mittelfest), 1 grüner Apfel (z.B. Granny Smith), 3 EL Kokoschips

ALLES BEREIT?

- Die Rosenkohlblättchen in kochendem Salzwasser 2 Min. blanchieren. In ein Sieb abgießen, kalt abschrecken und abtropfen lassen.
- Für das Dressing den Knoblauch schälen und fein hacken. Mit Sojasauce, Agavendicksaft, Sesamöl, Limetten- und Apfelsaft zu einem Dressing verrühren.

SPIRALIZING!

- Die Avocado quer halbieren, entsteinen, schälen und mit dem Spiralschneider zu Spiralen drehen. Alternativ die Avocado mit einem Messer in Spalten schneiden.
- Den Apfel waschen und mit Kerngehäuse spiralisieren.
- Apfel und Avocado mit dem Dressing mischen. Rosenkohl unterheben, Kokoschips darüberstreuen.

GRÜNES KRAFTPAKET

Der buttrige Geschmack von Avocados kommt nicht von ungefähr: Sie enthalten je nach Sorte bis zu 30 Prozent Fett. Damit sind sie zwar nicht gerade schlanke Früchtchen, doch da sie überwiegend gesunde ungesättigte Fettsäuren und dazu jede Menge Vitamine und Mineralstoffe liefern, sollten Sie die kleinen Kraftpakete trotz ihres hohen Fettgehalts regelmäßig auf Ihrem Speisezettel einplanen.

ZUDELSUPPE

mit Pak Choi

Statt Pho Bo gibt es heute mal Pho Zucchino. Die würzige, heiße Asiasuppe wärmt von innen, vertreibt Erkältungsgeister und hilft sogar beim Abnehmen.

2
PERSONEN

25
MIN. ZUBEREITUNG

130
KCAL PRO PORTION

ZUTATEN

½ l Gemüsebrühe, 4 Kardamomkapseln, 1 haselnussgroßes Stück Ingwer, 2 Knoblauchzehen, ½ Zimtstange, 1 Sternanis, 1 Zucchini, 1 Bio-Limette, 100 g Pak Choi, 100 g Champignons, ½ rote Chilischote, 1 rote Zwiebel, Salz, 1 EL Sesam- oder Rapsöl

DEN SUD BRAUEN

- Die Brühe in einem Topf erhitzen.
- Die Kardamomkapseln im Mörser zerstoßen.
- Ingwer und Knoblauch schälen und mit dem Messerrücken andrücken.
- Kardamom, Ingwer, Knoblauch, Zimtstange und Sternanis in einen Teebeutel oder ein Teesieb geben und in den Topf mit der Brühe hängen.
- Die Brühe aufkochen und die Gewürze darin bei schwacher Hitze 10 Min. ziehen lassen, dann aus dem Topf nehmen.

SCHÜSSELINHALT

- Inzwischen die Zucchini putzen, waschen und mit dem Spiralschneider zu Nudeln drehen.
- Die Limette heiß waschen und in dünne Scheiben schneiden.
- Den Pak Choi putzen, waschen und in 10 cm lange Stücke schneiden.
- Die Champignons putzen und je nach Größe halbieren oder vierteln.
- Die Chilischote entkernen, waschen und in feine Ringe schneiden.
- Die Zwiebel schälen, halbieren und in Halbringe schneiden.

SUPPENGLÜCK

Zucchini, Pak Choi, Champignons und Zwiebel in der Brühe 2–3 Min. ziehen lassen. Die Suppe mit Salz abschmecken und auf zwei Schüsseln verteilen. Mit Chili und Limettenscheiben garnieren und mit Öl beträufeln. Sofort genießen!

RINGELBETE-STULLE

mit Grapefruit und Nüssen

Die Ringelbete kringelt sich mit Grapefruitfilets, Walnüssen und Ziegenfrischkäse auf leckerem Bauernbrot – und der Gaumen freut sich über diese gelungene Aromenkombi!

2
PERSONEN

20
MIN. ZUBEREITUNG

585
KCAL PRO PORTION

ZUTATEN

500 g Ringelbete (oder Rote Bete), ½ Grapefruit, 2 EL Walnussöl, Salz, weißer Pfeffer, 30 g Walnusskerne, 2 große Scheiben Bauernbrot, 125 g Ziegenfrischkäse

ERST KRINGELN

- Die Ringelbete schälen und mit dem Spiralschneider quer zur Achse zu Spiralen drehen. Die Spiralen in eine Schüssel geben.
- Die Grapefruithälfte so großzügig schälen, dass auch die weiße Haut mit entfernt wird. Die Filets zwischen den einzelnen Trennhäuten herausschneiden, dabei den Saft auffangen.
- Öl und Grapefruitsaft verrühren. Das Dressing mit Salz und Pfeffer abschmecken und die Ringelbete-Spiralen damit marinieren.

AB IN DIE PFANNE!

- Inzwischen die Walnüsse in einer Pfanne ohne Fett bei starker Hitze ca. 5 Min. leicht braun anrösten. Aus der Pfanne nehmen, kurz abkühlen lassen und grob hacken.
- Die Brotscheiben in der Pfanne auf beiden Seiten anrösten, dazu die Brote fest an den Pfannenboden drücken.

JETZT STAPELN

Die Brotscheiben mit dem Frischkäse bestreichen, die Bete-Kringel mitsamt der Marinade darauftürmen. Walnüsse und Grapefruitfilets auf den Stullen anrichten und diese sofort servieren.

ZUCCHINISPIRALEN

mit Möhren aus dem Ofen

Salzzitronen gibt es in türkischen Lebensmittelläden oder gut sortierten Supermärkten. Wer sie nicht kennt: unbedingt mal probieren, denn sie haben ein unvergleichliches Aroma!

2
PERSONEN

30
MIN. ZUBEREITUNG
+ 15 MIN. ÜBERBACKEN

615
KCAL PRO PORTION

ZUTATEN

600 g Möhren, 3 EL Öl, 1 große Zucchini (ca. 400 g), 50 g getrocknete Aprikosen, 2 Knoblauchzehen, ½ Salzzitrone, 125 g Bergkäse, ½ TL gemahlener Kreuzkümmel, Salz, Pfeffer

ERST DIE MÖHREN

Den Backofen auf 230 °C vorheizen. Die Möhren putzen, schälen und in dünne Scheiben schneiden. Die Scheiben in einer Auflaufform (ca. 25 × 16 cm) mit dem Öl mischen und im Ofen (Mitte) 25 Min. garen, dabei gelegentlich wenden.

Ersatz für die Salzzitrone: abgeriebene Schale von ½ Bio-Zitrone nehmen!

DANN DER REST

- Inzwischen die Zucchini putzen, waschen und mit dem Spiralschneider zu Spiralen drehen.
- Die getrockneten Aprikosen in feine Streifen schneiden.
- Knoblauch schälen und in feine Würfel schneiden.
- Die Salzzitrone heiß waschen und das Fruchtfleisch entfernen. Die Schale fein hacken.
- Den Bergkäse fein reiben.

AB IN DEN OFEN!

- Die Form aus dem Ofen nehmen. Zucchini, Aprikosen, Knoblauch und Salzzitronenschale unter die Möhren mischen.
- Den Kreuzkümmel untermischen und alles kräftig mit Salz und Pfeffer würzen. Den Käse darüberstreuen.
- Die Auflaufform wieder in den Ofen geben und alles weitere 15 Min. knusprig überbacken.

PAPRIKANUDELN

mit Pico de gallo

Pico de gallo ist eine mexikanische Würzsauce mit Tomaten, Zwiebeln und Chili. Übersetzt bedeutet der Name „Hahnenschnabel“. Hier gibt es eine milde Variante.

2
PERSONEN

20
MIN. ZUBEREITUNG

390
KCAL PRO PORTION

ZUTATEN

200 g Tomaten, 1 kleine rote Zwiebel, 4 Stiele Koriander, 1/3 grüne Chilischote, ½ Limette, Salz, 2 große gelbe Paprikaschoten, 400 g schwarze Bohnen in Chilisauce (Dose), 1 Handvoll Mais-Tortillachips (Natur)

ERST DIE SAUCE

- Die Tomaten waschen, vierteln, entkernen und in sehr feine Würfel schneiden.
- Die Zwiebel schälen und sehr fein würfeln.
- Koriander waschen und trocken schütteln, die Blätter abzupfen und fein hacken.
- Die Chilischote entkernen und sehr fein hacken.
- Die Limettenhälfte auspressen.
- Die vorbereiteten Zutaten in einer Schüssel gründlich mischen und mit Salz abschmecken.

DANN DIE NUDELN

Die Paprikaschoten waschen. Den Spiralschneider auf das breite Messer ohne Spiralen einstellen. Den Paprikastiel jeweils vorsichtig abschneiden und die Schote mit dem Stielende auf die Seite mit der Kurbel des Spiralschneiders setzen. Die Schote nur bis zur Hälfte durchdrehen. Die obere Hälfte mit den Kernen abnehmen, entkernen und in Stifte schneiden.

with love

Statt schwarzer Bohnen kann man auch Chili- oder Kidneybohnen nehmen.

HÜBSCH ANRICHTEN

- Die Bohnen in zwei Schüsseln geben und die Paprikanudeln darauf anrichten.
- Dann die Tomatensauce darübergeben.
- Zuletzt die Tortillachips in die Nudeln stecken. Die Paprikastifte dazu reichen.

KOHLRABINUDELN

mit Bohnen und Cranberrys

Kohlrabi, grüne Bohnen und Cranberrys? Klingt verrückt, schmeckt aber richtig gut. Statt grüner Busch- oder Stangenbohnen können Sie auch gelbe Butterbohnen nehmen.

2
PERSONEN

20
MIN. ZUBEREITUNG

330
KCAL PRO PORTION

ZUTATEN

300 g grüne Bohnen, Salz, 1 großer Kohlrabi, 2 Knoblauchzehen, 20 g getrocknete Cranberrys, ½ Zitrone, 50 g Parmesan, 2 EL Olivenöl, Pfeffer

BOHNEN VORGAREN

Die Bohnen putzen und waschen. In kochendem Salzwasser 10 Min. garen. In ein Sieb abgießen, kalt abschrecken und abtropfen lassen.

GUTES TIMING

- Während die Bohnen kochen, Kohlrabi putzen, schälen und mit dem Spiralschneider zu Nudeln drehen.
- Den Knoblauch schälen und in feine Würfel schneiden.
- Die Cranberrys grob hacken.
- Die Zitronenhälfte auspressen.
- Den Parmesan in Späne hobeln.

Die Nudeln schmecken auch mit Mozzarellawürfeln statt Parmesan hervorragend.

IN DIE PFANNE

- Das Olivenöl in einer großen Pfanne erhitzen, den Knoblauch darin andünsten.
- Kohlrabinudeln, Cranberrys und Bohnen dazugeben und 2–3 Min. mitbraten.
- Mit Salz und Pfeffer abschmecken und den Zitronensaft unterrühren.
- Die Kohlrabinudeln auf Teller verteilen und mit den Parmesanspänen bestreuen.

BUTTERNUT-SPIRALEN

mit Edamame

Darf ich vorstellen: Edamame! Die unreif geerntete, grüne Sojabohne ist ein toller Proteinlieferant, bringt Farbe ins Spiel und reichlich Ballaststoffe, Vitamine und Mineralstoffe auf den Teller.

2
PERSONEN

25
MIN. ZUBEREITUNG

425
KCAL PRO PORTION

ZUTATEN

1 Möhre, 1 Zwiebel, 1 Knoblauchzehe, 1 EL Olivenöl, 400 g stückige Tomaten (Dose), Salz, 1½ EL getrocknete italienische Kräuter, 125 g Mozzarella, 600 g Butternutkürbis (mit möglichst langem Hals und kleinem Bauch), 120 g Edamame (TK), Pfeffer

ZUERST DIE SAUCE

- Die Möhre putzen und ebenso wie die Zwiebel und den Knoblauch schälen. Alles erst mit dem Messer von Hand grob, dann im Blitzhacker fein zerkleinern.
- Das Olivenöl in einer tiefen Pfanne erhitzen und die Möhrenmasse darin bei starker Hitze 2–3 Min. unter Rühren braten.
- Tomatenstücke, ½ TL Salz und die Kräuter dazugeben und alles zugedeckt bei schwacher Hitze mind. 10 Min. köcheln lassen.

ZUPFEN & KRINGELN

- Mozzarella abtropfen lassen und in Stücke zupfen.
- Den Kürbishals schälen und mit dem Spiralschneider zu dünnen Nudeln drehen.
- Die Kürbisnudeln in einen Dämpfeinsatz geben. In einem großen Topf wenig Salzwasser zum Kochen bringen, den Dämpfeinsatz hineinstellen und die Nudeln zugedeckt bei mittlerer Hitze 5 Min. dämpfen.

Edamame gibt es tiefgekühlt in Asialäden und gut sortierten Supermärkten. Die Alternative sind Dicke Bohnen (TK).

DAS FINISH

Inzwischen die Edamame 3 Min. in die Sauce geben, dann den Mozzarella unterheben. Die Sauce mit Salz und Pfeffer abschmecken. Die Kürbisspiralen eventuell abtropfen lassen und auf Teller verteilen. Die Sauce darübergeben.

KARTOFFELNUDELN

mit Schafskäse und Feigen

Wenn Kartoffeln und Feigen sich küssen, dann entsteht ein allerfeinstes Kartoffelnudel-Gericht. Und milder Schafskäse ist der Dritte im Bunde ...

2
PERSONEN

20
MIN. ZUBEREITUNG

410
KCAL PRO PORTION

ZUTATEN

25 g Mandeln, 450 g festkochende Kartoffeln, Salz, 30 g Basilikum, ½ Zitrone, 1 Knoblauchzehe, 1 EL Öl, 100 g Schafsfrischkäse (oder Ziegenfrischkäse), Pfeffer, 2 Feigen

NUDELN DÄMPFEN

- Mandeln in einer Pfanne ohne Fett goldbraun rösten und abkühlen lassen.
- Die Kartoffeln schälen, waschen und mit dem Spiralschneider zu Nudeln drehen. In einen Dämpfeinsatz geben.
- In einem großen Topf wenig Salzwasser zum Kochen bringen, den Dämpfeinsatz hineinstellen und die Kartoffeln zugedeckt bei mittlerer Hitze 5 Min. dämpfen.

KÄSECREME MIXEN

- Inzwischen das Basilikum waschen und trocken schütteln, die Blätter abzupfen. Die Zitronenhälfte auspressen. Die Knoblauchzehe schälen.
- Basilikum, Zitronensaft und Knoblauch mit Öl, Frischkäse, ½ TL Salz und den gerösteten Mandeln im Blitzhacker zu einer glatten Creme pürieren. Mit Pfeffer abschmecken.

DAS I-TÜPFELCHEN

Feigen waschen, von den Enden befreien und achteln. Kartoffelnudeln auf Tellern anrichten und mit Käsecreme beträufeln. Feigen daraufgeben.

MÖHRENSPIRELLI

mit Fenchelsalat und Feta

Fenchelrohkost trifft auf zart gegarte Möhren. So bekommen Sie von beiden das Beste: aus den Möhren gut verfügbares Betacarotin, vom Fenchel viele hitzeempfindliche Vitamine.

2
PERSONEN

20
MIN. ZUBEREITUNG

270
KCAL PRO PORTION

ZUTATEN

125 g Fenchelknolle, ½ Zitrone, Salz, Pfeffer, 400 g dicke Möhren, 5 g Thymian, 5 g Rosmarin, ½ rote Chilischote, 1 rote Zwiebel, 1 Knoblauchzehe, 1 EL Olivenöl, 75 g Manouri (griech. Frischkäse)

SALAT FIRST

Den Fenchel putzen, waschen und auf einem Gemüsehobel in feine Scheiben schneiden. Die Zitronenhälfte auspressen. Den Fenchel in einer Schüssel mit dem Zitronensaft mischen, mit Salz und Pfeffer würzen und beiseitestellen.

NUDELN & WÜRZE

- Die Möhren putzen, schälen und die unteren Enden abschneiden Die Möhren mit dem Spiralschneider zu Nudeln drehen und beiseitestellen.
- Thymian und Rosmarin waschen und trocken schütteln, die Blätter abzupfen.
- Die Chilischote entkernen, waschen und grob zerkleinern.
- Die Zwiebel und den Knoblauch schälen und ebenfalls grob zerkleinern.
- Die Kräuter mit Zwiebel, Knoblauch und Chili im Blitzhacker fein zerkleinern.

BRATEN & ANRICHTEN

- Das Olivenöl in einer großen, tiefen Pfanne erhitzen und die Kräuter-Zwiebel-Masse darin bei mittlerer Hitze 2 Min. unter Rühren anbraten.
- Die Möhren und 50 ml Wasser dazugeben und alles ca. 3 Min. garen, bis das Wasser verkocht ist.
- Fenchelsalat auf einem Teller anrichten. Möhrennudeln darübergeben und mit Pfeffer würzen. Den Manouri darüberbröseln. Salat mit Salz würzen.

SELLERIENUDELN

mit Sauce à la Siciliana

Keine Nudeln mehr im Haus? Macht nichts, nehmen Sie doch einfach Sellerie! Die Sauce ist an eine Auberginen-Caponata angelehnt und schmeckt nach Sommer.

2
PERSONEN

40
MIN. ZUBEREITUNG

410
KCAL PRO PORTION

ZUTATEN

200 g Aubergine, Salz, 600 g Knollensellerie, 1 rote Zwiebel, 1 Knoblauchzehe, 2 Tomaten, 75 g grüne Oliven (ohne Stein), 25 g Kapern (Glas), 50 g Parmesan, 3 EL Olivenöl

AUBERGINE SALZEN

Die Aubergine putzen, waschen, trocken tupfen und in 1 cm dicke Scheiben schneiden. Die Scheiben auf beiden Seiten salzen, nebeneinander auf Küchenpapier legen und ca. 30 Min. stehen lassen, um der Aubergine Wasser zu entziehen.

HACKEN & HOBELN

- Inzwischen den Sellerie schälen und mit dem Spiralschneider zu Nudeln drehen.
- Die Zwiebel schälen, vierteln und in grobe Würfel schneiden. Den Knoblauch schälen und fein hacken.
- Die Tomaten waschen und in grobe Würfel schneiden, dabei jeweils den Stielansatz entfernen.
- Die Oliven ebenfalls in grobe Würfel schneiden, die Kapern abtropfen lassen.
- Den Parmesan in grobe Späne hobeln.
- Die Auberginenscheiben trocken tupfen und in grobe Würfel schneiden.

AB IN DIE PFANNE!

- Das Olivenöl in einer Pfanne erhitzen, die Zwiebel und den Knoblauch darin anbraten.
- Die Auberginenwürfel dazugeben und alles bei mittlerer Hitze 5 Min. weiterbraten.
- Tomaten, Oliven und Kapern hinzufügen und alles zugedeckt bei mittlerer Hitze ca. 10 Min. köcheln lassen.
- Die Sellerienudeln in die Sauce geben und alles weitere 4 Min. köcheln lassen.
- Die Sellerienudeln mit der Sauce auf Teller verteilen und mit Parmesan bestreuen.

ROTE-BETE-NUDELN

mit Gorgonzolasauce

Nudeln in Gorgonzolasauce mit Birne: ein Klassiker, der auch mit Rote-Bete-Nudeln super schmeckt. On top sorgen Röstzwiebeln für deftigen Überraschungs-Crunch.

2
PERSONEN

25
MIN. ZUBEREITUNG

420
KCAL PRO PORTION

ZUTATEN

400 g Rote Bete, 1 reife Birne, 100 g Sahne, 60 g Gorgonzola (oder Camembert), Pfeffer, Salz, 2 TL Röstzwiebeln

DURCHDREHEN

Die Rote Bete putzen, schälen und anschließend mit dem Spiralschneider zu feinen Nudeln drehen. Dabei am besten Einweghandschuhe tragen, denn die Rote Bete färbt ab.

DAHINSCHMELZEN

- Die Birne nach Belieben waschen oder schälen. Dann vierteln, entkernen und in kleine Würfel schneiden.
- Die Sahne in einem Topf erhitzen, den Gorgonzola hineinbröseln und unter gelegentlichem Rühren schmelzen lassen.
- Die Sauce mit Pfeffer abschmecken.

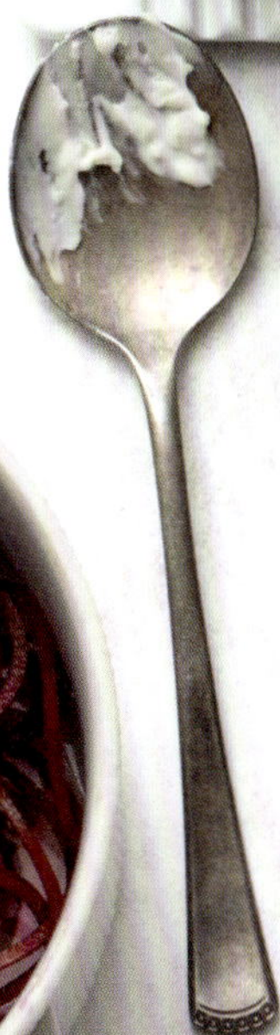

… UND FERTIG!

- Inzwischen die Rote-Bete-Nudeln in einen zweiten Topf geben und so viel Wasser angießen, dass sie zu zwei Dritteln damit bedeckt sind. Salzen und aufkochen.
- Die Nudeln ca. 3 Min. bissfest garen, dann in ein Sieb abgießen.
- Die Rote-Bete-Nudeln und Birnenwürfel vorsichtig unter die Gorgonzolasauce mischen.
- Auf Teller verteilen und mit Röstzwiebeln bestreut servieren.

SÜSSSAURER RETTICH

mit Erbsenstampf

Rettichscheiben mit Salz bestreuen und fertig? Schmeckt auch lecker, aber mariniert in einem süßsauren Sud zeigt sich der rustikale Biergarten-Klassiker einmal von seiner feinen Seite.

2
PERSONEN

30
MIN. ZUBEREITUNG
+ 30 MIN. ZIEHEN
+ 12 STD. MARINIEREN

460
KCAL PRO PORTION

ZUTATEN

Saft und abgeriebene Schale von 1 Bio-Zitrone, 125 ml Apfelessig, 3 EL Zucker, ½ TL gemahlene Kurkuma, Salz, 300 g Rettich, 400 g mehligkochende Kartoffeln, 200 g Erbsen (TK), ¼ Peperoni, 30 g Butter

AM VORTAG

- Zitronensaft und -schale mit Essig, 125 ml Wasser, Zucker, Kurkuma und ½ TL Salz in einem Topf aufkochen und zugedeckt bei schwacher Hitze 30 Min. ziehen lassen.
- Inzwischen den Rettich putzen, schälen und mit dem Spiralschneider zu Spiralen drehen. Dabei öfter ein Stück abtrennen, damit die Spiralen nicht zu lang werden.
- Den Zitronensud durch ein Sieb in eine Schüssel abgießen. Die Rettichspiralen gut untermischen und zugedeckt 12 Std. im Kühlschrank marinieren, am besten über Nacht.

AM NÄCHSTEN TAG

- Die Kartoffeln schälen, waschen und in Würfel schneiden. Die Kartoffelwürfel in einem Topf zu drei Vierteln mit Wasser bedecken, ½ TL Salz dazugeben. Aufkochen und zugedeckt bei mittlerer Hitze ca. 10 Min. garen.
- Erbsen dazugeben, eventuell noch etwas Wasser angießen, und alles 5 Min. weich garen. Inzwischen Peperoni entkernen, waschen und in feine Streifen schneiden.
- Die Butter zu den Kartoffeln geben und alles mit dem Kartoffelstampfer zu einem cremigen Püree stampfen. Mit Salz abschmecken.

ES IST ANGERICHTET!

Den Stampf in einem runden Servierring auf einen Teller geben, dann den Ring entfernen. Die Rettichspiralen mit einer Zange aus dem Sud heben, auf den Stampf setzen und mit Peperoni bestreuen.

Den Rettichsud nach Belieben über den Stampf träufeln.

KARTOFFELPASTA

wie im Italienurlaub

Nudeln oder Kartoffeln? Heute gibt es two in one: spiralisierte Kartoffeln, die sich als Pasta verkleidet und mit Oliven, Tomaten und Parmesan geschmückt haben.

2
PERSONEN

30
MIN. ZUBEREITUNG

420
KCAL PRO PORTION

ZUTATEN

500 g große festkochende Kartoffeln, 40 g Parmesan, 30 g getrocknete Tomaten, 40 g schwarze Oliven (ohne Stein), 1 rote Zwiebel, 2 Knoblauchzehen, 1 EL Olivenöl, Salz, Pfeffer

PER PRIMO

- Die Kartoffeln schälen, waschen und mit dem Spiralschneider zu Nudeln drehen.
- Den Parmesan grob reiben.
- Die Tomaten in feine Streifen schneiden, die Oliven halbieren.
- Die Zwiebel und den Knoblauch schälen. Zwiebel halbieren und in Halbringe schneiden, Knoblauch in hauchdünne Scheiben schneiden.

PROSSIMO

- Das Olivenöl in einer tiefen, großen Pfanne erhitzen, Zwiebel und Knoblauch kurz darin anbraten.
- Oliven und Tomaten dazugeben und bei mittlerer Hitze unter gelegentlichem Schwenken andünsten.
- Inzwischen die Kartoffeln in einen Dämpfeinsatz geben. In einem großen Topf wenig Salzwasser aufkochen, den Dämpfeinsatz hineinstellen und die Nudeln zugedeckt bei mittlerer Hitze 5 Min. dämpfen.

E FINALMENTE

Die Kartoffelnudeln vorsichtig unter die Olivenmischung mengen. Mit Salz und Pfeffer abschmecken und mit Parmesan bestreuen.

KÜRBISNUDELN

mit süßsaurer Ananassauce

Ich brauchte einen schnellen Salat to go und habe Afrikasauce mit Kürbisnudeln gemischt. Es schmeckte so toll, dass ich die Fertigsauce hier „nachgebaut" habe. Mmmmhhh ...

2
PERSONEN

30
MIN. ZUBEREITUNG
+ 20 MIN. GAREN

330
KCAL PRO PORTION

ZUTATEN

150 g Ananas, 1 kleine rote Zwiebel, 1 Knoblauchzehe, 200 g Tomaten, ½ rote Chilischote, Saft von 1 Limette, 75 g Zucker, 75 ml Weißweinessig, Salz, 1 TL Currypulver, langer Hals von 1 Butternutkürbis (ca. 600 g), 4 Stiele Koriander

SAUCE KÖCHELN

- Die Ananas schälen, vom harten Strunk befreien und fein würfeln.
- Zwiebel und Knoblauch schälen und ebenfalls in feine Würfel schneiden.
- Tomaten waschen, vierteln, entkernen und in kleine Würfel schneiden.
- Die Chilischote längs aufschneiden, entkernen, waschen und fein hacken.
- Die vorbereiteten Zutaten mit Limettensaft, Zucker, Essig, 1 TL Salz und Curry in einem Topf aufkochen.
- Die Sauce zunächst zugedeckt bei mittlerer Hitze 10 Min. köcheln, dann offen bei starker Hitze 8–10 Min. sämig einkochen lassen.

KÜRBISSPIRALEN

Inzwischen den Kürbishals schälen und mit dem Spiralschneider zu Nudeln drehen. Kürbisnudeln in einen Dämpfeinsatz geben. In einem großen Topf wenig Salzwasser zum Kochen bringen, den Dämpfeinsatz hineinstellen und die Nudeln zugedeckt bei mittlerer Hitze 5 Min. dämpfen.

Die Nudeln mit Sauce schmecken auch kalt sehr gut, z. B. im Büro.

FEIN MACHEN

- Den Koriander waschen und trocken schütteln, die Blätter abzupfen und fein hacken.
- Die Kürbisnudeln mit der Ananassauce mischen und mit Koriander bestreut servieren.

PASTINAKENSPÄTZLE

aus dem Ofen

Wenn Omas Spätzle doch nicht immer so schwer im Magen liegen würden. Tadaaa! Die Lösung sind Pastinakenspätzle! Genauso lecker wie bei Oma, nur ein bisschen leichter.

2
PERSONEN

15
MIN. ZUBEREITUNG
+ 12 MIN. BACKEN

410
KCAL PRO PORTION

ZUTATEN

2 kleine Zwiebeln, 40 g Butter, 300 g Pastinaken, Salz, Pfeffer, 100 g Limburger Käse, Fett für die Form

ZWIEBELN BRÄUNEN

- Den Backofen auf 220 °C vorheizen.
- Zwiebeln schälen, halbieren und in Halbringe schneiden.
- Die Butter in einer Pfanne zerlassen und die Zwiebeln darin bei mittlerer Hitze unter gelegentlichem Wenden ca. 10 Min. bräunen.

SPÄTZLE DREHEN

- Inzwischen die Pastinaken putzen, schälen und mit dem Spiralschneider zu Nudeln drehen.
- Die Pastinakennudeln zu den Zwiebeln geben und 2–3 Min. mitbraten. Mit ½ TL Salz und etwas Pfeffer würzen.
- Den Limburger auf einer Gemüsereibe grob raspeln.

AB IN DEN OFEN

Eine kleine Auflaufform (ca. 25 × 16 cm) einfetten. Die Hälfte der Pastinakennudeln hineingeben und mit der Hälfte des Käses bestreuen. Die restlichen Nudeln darübergeben und den restlichen Käse darauf verteilen. Im Ofen (Mitte) 10–12 Min. überbacken.

GELBE-RÜBCHEN-PASTA

mit Meerrettich

Lange Zeit waren sie vergessen, die Rübchen. Sie heißen Butterrübe, Teltower Rübchen, Mairübchen oder Herbstrübchen – und lassen sich alle prima zu Spiralen drehen.

2
PERSONEN

20
MIN. ZUBEREITUNG

255
KCAL PRO PORTION

ZUTATEN

400 g gelbe Rübchen (z. B. Butterrübe, Herbstrübchen), 1 säuerlicher Apfel (z. B. Boskop), 20 g Haselnusskerne, 1 EL Rapsöl, 2 EL Sahnemeerrettich (Glas), Salz, Pfeffer

DURCHNUDELN

Die Rübchen schälen, die unteren Enden abschneiden. Die Rübchen mit dem Spiralschneider zu Nudeln drehen. Die Rübchennudeln in einem Topf mit wenig Wasser zugedeckt 3 Min. dünsten.

KRINGELN & HACKEN

- Inzwischen den Apfel nach Belieben waschen oder schälen und mit Kerngehäuse spiralisieren.
- Die Haselnüsse grob hacken.
- Die fertig gegarten Rübchennudeln in ein Sieb abgießen und abtropfen lassen.

BRATEN & ANRICHTEN

- Das Öl in einer Pfanne erhitzen und die Rübchen darin bei starker Hitze 1 Min. anbraten.
- Die Apfelspiralen dazugeben. Sahnemeerrettich hinzufügen, alles vorsichtig unterheben. Mit Salz und nach Belieben mit Pfeffer abschmecken.
- Zum Servieren mit den Haselnüssen bestreuen.

SPAGHETTIEIS

aus Melonen

Hier kommt die Vanilleeis-freie Version des Klassikers. Schmeckt genauso gut und liefert sogar ein paar Vitamine mit. Das macht nicht nur Kinder, sondern auch Eltern froh!

2
PERSONEN

10
MIN. ZUBEREITUNG

310
KCAL PRO PORTION

ZUTATEN

100 g Sahne, 1–2 Msp. gemahlene Vanille, 100 g Erdbeeren (frisch oder TK), 25 g weiße Schokolade, 250 g Galia-Melone

ALLES VORBEREITEN

- Die Sahne mit der Vanille steif schlagen.
- Frische Erdbeeren putzen, waschen und je nach Größe halbieren oder vierteln. TK-Beeren eventuell auftauen lassen.
- Die Beeren in einem hohen Rührbecher mit dem Stabmixer glatt pürieren.
- Die Schokolade grob raspeln.
- Die Melone schälen und mit dem Spiralschneider zu Spaghetti drehen.

HÜBSCH ANRICHTEN

- Die Sahne auf zwei Dessertbecher verteilen und die Melonenspaghetti darauf anrichten.
- Das Erdbeerpüree darüber verteilen.
- Zum Servieren mit Schokoraspeln bestreuen.

EIS-SPASS LIGHT

Wer es etwas leichter mag, kann die Sahne auch gegen Naturjoghurt oder Speisequark (20 % Fett) austauschen oder die Hälfte der Sahne unter 100 g Quark oder Joghurt heben.

APFELTÖRTCHEN

mit Nüssen und Cranberrys

Törtchen, die wenig Arbeit machen, hübsch aussehen und auch noch einigermaßen gesund sind? Immer her damit: no-bake Apfeltörtchen mit Nusstopping.

6

STÜCK

30

MIN. ZUBEREITUNG
+ 1 STD. TIEFKÜHLEN

220

KCAL PRO STÜCK

ZUTATEN

70 g gemischte Nusskerne, 75 g kernige Haferflocken, 40 g getrocknete Cranberrys, 30 g Kakaobutter, 125 g Speisequark (20 % Fett), 1½ EL Ahornsirup, ½ Zitrone, ½ säuerlicher Apfel (z.B. Boskop), 6er-Muffinblech

FÜR DIE BÖDEN

- Das Muffinblech mind. 1 Std. ins Tiefkühlfach stellen.
- Die Nüsse in einer beschichteten Pfanne ohne Fett bei mittlerer Hitze ca. 5 Min. unter gelegentlichem Wenden rösten.
- 50 g Nüsse mit Haferflocken, Cranberrys, Kakaobutter und 3 EL Wasser im Blitzhacker zu einer homogenen Masse pürieren.
- Die Masse als Böden fest in die Mulden des Muffinblechs drücken, dabei jeweils einen Rand hochziehen und eine Schale formen.
- Das Muffinblech mit den Böden in den Kühlschrank stellen.

FÜR DAS TOPPING

- Den Quark in einer Schüssel mit dem Ahornsirup cremig verrühren.
- Die Zitrone auspressen.
- Den Apfel schälen und mit Kerngehäuse spiralisieren. Die Apfelspiralen mit dem Zitronensaft mischen, damit sie nicht braun werden.
- Die restlichen Nüsse grob hacken.

FÜR DAS FINISH

Die Creme auf die Törtchenböden verteilen. Die Apfelspiralen darauf zu kleinen Türmchen drehen und mit gehackten Nüssen bestreuen.

REGISTER

O

P/Q

R

S

T

W

Z

Kaiserstraße 14 b
D-80801 München
ISBN: 978-3-89883-707-1

1. Auflage 2017

Projektleitung: Kathrin Ullerich
Rezepte & Texte: Sarah Schocke
Lektorat: Karin Kerber
Grafische Gestaltung:
kral & kral design, München,
Julia Arzberger, Catharina Burmester
Covergestaltung: Johanna Höflich
Fotografie: Coco Lang
Foodstyling: Sven Dittmann
Illustrationen: Shutterstock
Herstellung: Frank Jansen
Producing: Jan Russok
Druck & Bindung:
optimal media GmbH, Röbel

Im Buch enthaltene Fotos können zur eigenen Nutzung
erworben werden unter www.stockfood.com

Die ZS Verlag GmbH ist ein Unternehmen
der Edel AG, Hamburg.
www.zsverlag.de | www.facebook.com/zsverlag